DUDEN

Lexi auf Zeitreise

Geschichten für Leseanfänger
in drei Schwierigkeitsstufen

von Claudia Griese und
Franz Werthmann

Duden Schulbuchverlag
Berlin, Mannheim

Lexi räumt auf

Heute hat Lexi Zeit.
Endlich kann er aufräumen.
Er beginnt im Keller.
Was ist denn das?
Eine Zeitmaschine!
Los geht es!
Nicht ans Meer. Nicht in die Berge.
Auch nicht nach Berlin.
Lexi fährt mit der Zeitmaschine
in die Vergangenheit.
Lexi fährt mit der Zeitmaschine
in die Zukunft.
Gute Reise!

Römerzeit
Wilder Westen
Steinzeit
WM 2022

Lexi im alten Ägypten

Lexi dreht den Zeiger der Zeitmaschine.
Er ist ganz aufgeregt.
Wie wird die Reise werden?
Welche Abenteuer wird er erleben?
Es wird sicher auch gefährlich werden.
Die Zeitmaschine summt, brummt
und rattert.

Die erste Reise geht
in das alte Ägypten.
Lexi landet am Nil.
Das ist ein großer Fluss.
Im Sand stehen Pyramiden.
Es ist sehr heiß.
Lexi will im Fluss baden.
Am Ufer trifft er einen Jungen.
Aufgeregt zeigt der Junge
auf ein Schild.

Auf großer Fahrt

Lexi, Toto und Lola stehen an Deck
eines großen Segelschiffs.
Der Kapitän heißt Kolumbus.
Seit vielen Wochen segelt er
mit seinen Männern auf dem Meer.
Sie wollen neues Land entdecken.
Plötzlich hören alle: „Land in Sicht!“
Kolumbus ruft sofort:
„Anker setzen! Alle Mann in die Boote!“
Sie rudern an Land.
Toto kann es kaum erwarten.
Er rudert nicht mit, er fliegt.
Toto erreicht als Erster den Strand.
Dort wird er freudig begrüßt.
So eine Überraschung!
Wenig später landen die Boote.
Kolumbus, Lexi und Lola springen an Land.
Sie blicken sich neugierig um.
Gibt es hier auch Menschen?
Welches Land haben sie entdeckt?

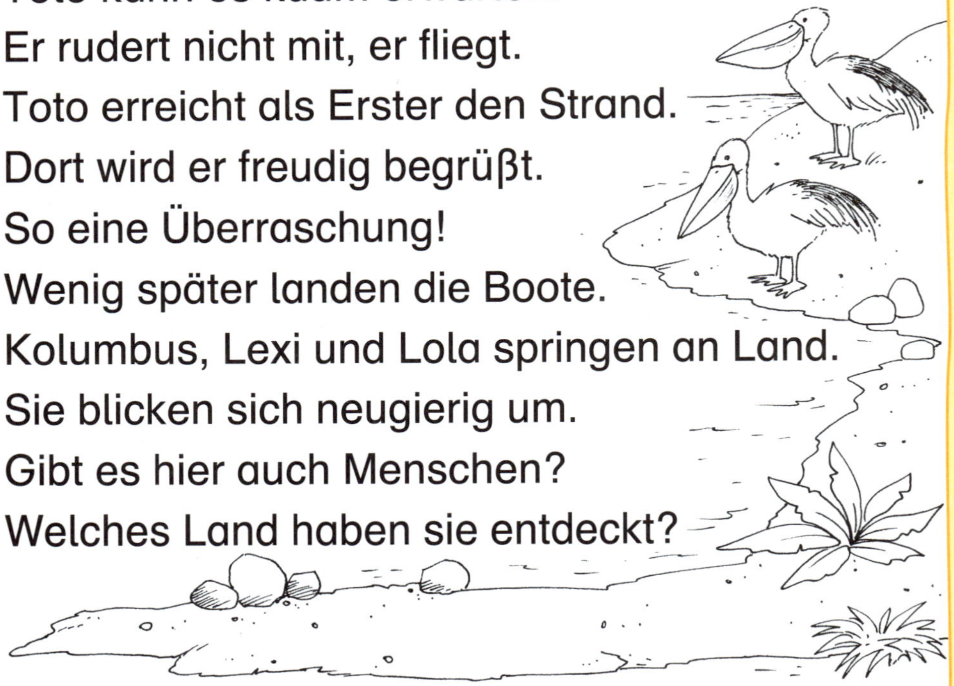

KOLUMBUS
entdeckt
AMERIKA
Entdecker
Die neue Welt

Abenteuer in der Luft

Lexi freut sich.
Die Zeitmaschine hat sie
zu einem Fest gebracht.
Eine Frau ruft:
„Echte Sensationen!
Wer will mitfliegen?“
Da wollen Lexi und Lola dabei sein.
Von einer Rampe starten sie.
Laut zischt es unter den Füßen.
Schon heben sie ab.
„Festhalten!“, ruft Lexi.

Sie fliegen steil nach oben.
Lola wird ganz schlecht.
Ein Flugbrett schwebt vorbei.
Menschen auf Flugrollern flitzen herum.
Da, ein Kind auf einem Flugrad kann sich
nicht festhalten. Es fällt herunter.
Wo ist Toto nur?
Lexi ruft: „Toto, Toto, hilf uns!“
Toto fliegt wie der Blitz herbei.
Er fängt das Kind in letzter Minute auf.
Die Menschen jubeln und klatschen.

Lexi bei den Indianern

Lexi, Lola und Toto schauen auf einen See.
Zwei Indianerkinder sitzen in einem Kanu.
Sie sind gerade mit dem Fischefangen fertig.
Das Mädchen ruft:
„Gib mir das Paddel, Kleiner Wolf.
Ich kann schneller zurückpaddeln als du.
Unsere Eltern warten schon auf die Fische."
Der Junge ist beleidigt:
„Nein, Morgenröte, ich will zuerst paddeln."
Sie streiten sich um das Paddel. Und platsch –
kippt das Kanu um. Die Kinder landen
im Wasser. Das Paddel schwimmt davon.
Und die gefangenen Fische auch. Oh je!
Lexi, Lola und Toto schwimmen los. Lexi hilft
das Kanu umzudrehen. Lola bringt das Paddel
in der Schnauze. Und was macht Toto?
Er fängt mit seinem Schnabel neue Fische.
Am Ufer wartet schon Großer Wolf. Er hat
alles beobachtet. Sie paddeln zu ihm.
Morgenröte und Kleiner Wolf bringen
ihre neuen Freunde mit. Es sind Großer
Fischfänger, Tapfere Pfote und ____________.

Die Reise zum Jupiter

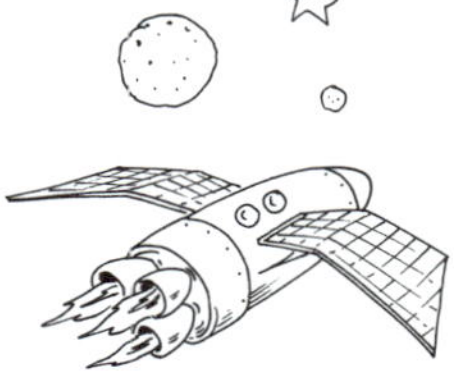

Lexi, Lola und Toto sind auf dem Weg zum Jupiter.
Ein Sturm packt ihr Raumschiff.
Alle purzeln durcheinander.
Auf dem Mond Jo wären die Raumfahrer
vor dem Sturm geschützt.
Also, Kurs auf den Mond Jo.
Wie eine bunte Pizza sieht der aus.
Er leuchtet grün, rot, orange und gelb.
Schon kann Lexi mächtige Krater sehen.
Oh je! Das sind ja Vulkane. Überall Vulkane!
Wo sollen sie landen?
Zwischen den Vulkanbergen entdeckt Lexi
eine kleine Ebene.
Sanft setzt das Raumschiff auf.
Lexi steigt mit Toto und Lola ins Mondauto.
Diesen Ort wollen sie genau anschauen.
Vor einem hohen Berg halten sie an
und machen Rast.
Lola bellt wie wild in ihrer Maske. Was sie nur hat?
Hinter dem großen Felsen hat sie
fremde Wesen entdeckt.
Lustig sehen die aus. Sie haben kurze Arme,
aber lange Beine wie Flamingos.
Und sie stehen auf einem Bein.
Als sie Lexi, Lola und Toto sehen,
kommen sie hinter dem Felsen hervor.
Sie sind neugierig, wer noch auf dem Planeten ist.

Die Flamingo-Wesen stellen sich höflich vor.
Auch sie sind fremd hier.
Sie kommen vom Mond Europa. Der ist weiß wie Schnee. Die Farben auf Jo haben sie angelockt.
Sie hätten auch gern viele Farben auf ihrem Mond.
Da hat Lexi eine Idee:
„Kommt mit zu uns auf die Erde. Da könnt ihr auch alle Farben finden.“
Was werden die Flamingo-Wesen wohl sagen, wenn sie die Erde sehen?

Lola ist die Größte

„Wo sind wir?“, flüstert Lola ängstlich.
Lexi ist ärgerlich. Lola hat einfach den Zeiger gedreht. Sie hat nicht gelesen, wohin die Reise geht.
Lola und Lexi sind jetzt in einem unbekannten Zimmer. Schnell verstecken sie sich hinter einem großen Sessel.
Vorsichtig schauen sie sich um.
An einem Türhaken hängt ein langer Mantel. Er hat braune Karos. Daneben hängt ein passender Hut.
Es riecht nach Tabak. Zwei Männer unterhalten sich über einen Juwelenraub.
Sind es etwa die Diebe?
Lexi und Lola haben ein komisches Gefühl.
Nein – zum Glück! Lexi erkennt die beiden Männer:
Es ist Sherlock Holmes, der berühmte Detektiv.
Er unterhält sich mit Doktor Watson.
Sherlock Holmes läuft im Zimmer auf und ab.
Er denkt laut nach: „Die Juwelen der Königin sind verschwunden. Niemand kommt in die Schatzkammer hinein. Watson, ich kombiniere, der Dieb ist noch drin. Der Fall ist gelöst!“
In diesem Moment muss Lola niesen.
„Halt, wer da?“, ruft Doktor Watson.
Lexi und Lola kommen hinter dem Sessel hervor.
Sie erzählen, wer sie sind und woher sie kommen.
Sherlock Holmes lacht laut. Er kann es gar nicht glauben. So etwas hat er noch nie gehört.

Er sagt: „Wir sind in großer Eile. Wir fangen einen Juwelendieb. Haltet euch dicht hinter Doktor Watson."
Draußen wartet eine Kutsche. Sie steigen alle ein. Und los geht die Fahrt: zur Schatzkammer der Königin!
Dort angekommen schnüffelt Lola. Plötzlich stürmt sie los. Die anderen folgen ihr. Sie bellt laut und schnappt nach dem Hosenbein des Schatzwächters. Der Mann hebt erschrocken seine Hände hoch.
Er ruft: „Ja, ja! Ich war es!"
Lola hat den Dieb gefasst.
In der Hosentasche des Mannes findet Doktor Watson zwei Beutel. In einem Beutel stecken die Juwelen. In dem anderen Beutel findet er ... ein Wurstbrot!

Im Bild sind drei Fehler versteckt. Kreise sie ein.

Fußball im Jahr 2022

Lexi trägt heute einen Schal in Schwarz, Rot, Gold.
WM 2022 steht darauf.
Er ist aufgeregt. Er darf den Ball ins Stadion tragen.
Im Spiel wird er Balljunge sein.
Mit der Mannschaft betritt er das Spielfeld.
Lola und Toto fiebern mit. Toto kann fast nicht hinsehen.
Dieses WM-Spiel muss unsere Elf gewinnen.
Anpfiff!
Kameras stehen an den Seitenlinien. Auch über dem Spielfeld hängen sie. Die Kameras am Tor erkennen jeden Treffer und jedes Foulspiel.
Im Ball ist ein Minicomputer eingebaut. Der sendet ein Signal. Wenn er über die Seitenlinie rollt, sieht und hört Lexi das Signal sofort.
Er rennt, flitzt und schnauft.
Schnell wirft er den Ball zu. Die Spieler warten schon.
Aber ein Tor will nicht fallen.
Die erste Halbzeit ist um.
In der Pause darf auch Lexi auf das Tor schießen.
Der Tormann wählt die falsche Ecke.
Lexi reißt die Arme hoch: „Tor!“
Als der Ball zurückrollt, springt Lola sofort nach.
Sie will auch mitspielen.
Mit der Schnauze schubst sie den Ball über die Linie.
Toto klatscht Beifall.
Im Stadion lachen alle.

Jetzt beginnt die zweite Halbzeit.
Die Elf von Lexi stürmt los.
Lexi rennt, als der Ball über die Linie rollt.
Schnell wirft er ihn dem Stürmer seiner Mannschaft zu. Der schießt sofort. Der Ball zischt genau ins obere Toreck.
Lexi tanzt und jubelt. Die Zuschauer stehen und klatschen. Viele umarmen sich.
Lola springt fast über den Zaun.
Ganz laut spielt die Musik.
Toto schlägt mit dem Schnabel den Takt dazu.
1:0 endet das Spiel.
Hurra! Der Weg ins Endspiel der WM 2022 ist frei.

Wie Lexi das Rad erfindet

Es ist noch früh am Morgen.
Die Sonne geht gerade auf.
Lexi sitzt auf einem der Fässer,
die auf dem Dorfplatz stehen.
Die Zeitmaschine hat ihn
6000 Jahre zurückgebracht, in die Steinzeit.

Ein Mann und eine Frau verlassen das Holzhaus.
Sie wollen weg. Lexi kann es sofort erkennen.
Sie haben ihre Schuhe
und warme Kleidung an.
Der Mann winkt Lexi zu sich.
Lexi soll mitgehen.
Lexi freut sich.
Sieben Tage wird es dauern.
Dann wollen sie wieder zurück sein.
Sie wollen im nächsten Dorf Feuersteine
gegen Pfeilspitzen tauschen.
Lexi soll den Sack
mit den Feuersteinen tragen.
Er hebt den Sack auf. Puh!
Er wird ganz rot im Gesicht.
Schweißperlen stehen ihm
auf der Stirn.
Fast wäre ihm der schwere Sack
auf die Füße gefallen.
Da hat Lexi eine Idee.

Zunächst holt er sich zwei Deckel von den Fässern, ein Brett und einen Riemen aus Leder.
Dann bohrt er in jeden Fassdeckel ein Loch, immer genau in die Mitte der runden Scheiben.
Auf jede Seite des Brettes kommt eine runde Scheibe.
Den Lederriemen bindet Lexi vorn an das Brett.
Schließlich legt er den Sack auf das Brett.
Der Mann und die Frau ziehen.
Und schon haben sie das Dorf verlassen.
Bald sind sie nur winzige Punkte in der Ferne.
Nur Lexi kann man noch deutlich hören:

Opa Toto

Der kleine Knirps reicht mit seinen Händen gerade einmal bis zur Ladentheke. Dabei macht er ein solch großes Geschrei, dass die kleine Hündin an der Ecke schon die Ohren anlegt:
„Ich will das große Eis.
Ich bin schließlich der g r o ß e Tutu!“
Der Mann im Kiosk lacht laut.
„Ach was!
Du hast nur Geld für ein kleines Eis.
Ansonsten bist du der gleiche Schreihals
wie dein Opa Toto.“
Lexi sieht sich den Knirps etwas genauer an.
Ob dieser Tutu wirklich der Enkel
von seinem Freund Toto ist?
Lexi kauft eine Zeitung am Kiosk.
Damit setzt er sich auf eine Bank im Park
und beginnt zu lesen.
Aber immer, wenn Lexi mit einem Satz fast fertig ist,
spürt er im Nacken ein leichtes Zwicken.
So kann er nicht lesen.
Lexi schaut sich um. Nichts!
Kein Mensch weit und breit.
Will er aber weiterlesen, ist es wieder da.
Dieses kurze Stechen im Nacken.
Vorsichtig zieht Lexi seinen Taschenspiegel aus dem Beutel, schiebt ihn an der Zeitung entlang nach oben und sieht, was hinter ihm geschieht.

Mitten im Gebüsch sitzt dieser Tutu mit einem Blasrohr aus Schilf und schießt mit kleinen, harten Beeren auf ihn, die in der Hecke wachsen.
Leise – aber doch laut genug – stimmt Lexi das Lied von der lustigen Seefahrt an. Das Zwicken hört auf und nach ein paar Hol-la-hi steht Tutu vor ihm.
Jetzt ist sich Lexi sicher. Tutu kennt das Lied. Und er kennt es von seinem Opa Toto.
„Dein Opa und ich sind gute Freunde“, sagt Lexi.
Tutu sieht ihn mit großen Augen an. Dann setzt er sich neben Lexi auf die Parkbank. Lexi muss den ganzen Nachmittag erzählen.
Schließlich ist er heiser und er kauft sich ein großes Eis. Und ein großes Eis für Tutu.

Lexi auf der Pirateninsel

Toto und Lola wollen heute spielen. Dazu hat Lexi aber keine Lust. So macht er allein eine Zeitreise mit der Zeitmaschine. Lexi dreht den Zeiger und landet mitten in einem Urwald.
Obwohl die Sonne scheint, ist es recht dunkel unter den riesigen Bäumen. Das ist ein wenig unheimlich.
In der Ferne hört Lexi das Brausen von Wasser.
Er will nachsehen, ob es das Meer ist. Vorsichtig läuft er auf einem schmalen Pfad hinaus aus dem Urwald.
Am Ende entdeckt er einen herrlichen Strand mit Palmen. Lexi schaut auf ein blau leuchtendes Meer.
„Hier ist es so schön wie auf einem Foto“, denkt er.
Auf dem Wasser nähert sich ein großes Segelschiff.
Eine schwarze Fahne mit Totenkopf flattert im Wind. Lexi kann es kaum glauben: Ja, es ist eine Piratenflagge! Auf dem Schiff sind echte Seeräuber!
Was haben sie vor?

Die Piraten wollen sicher einen Schatz auf der Insel vergraben. Jetzt muss Lexi sich aber schnell ein Versteck suchen. Die Piraten dürfen ihn nicht finden.
Er läuft zurück in den Urwald und versteckt sich zwischen den Bäumen. Von dort aus beobachtet er die Piraten am Strand. Gerade legen sie mit den Booten an. Sie haben lange Bärte und tragen ein Tuch um den Kopf. Der Piratenkapitän hat ein langes Schwert am Gürtel. Das sieht gefährlich aus.

Die Männer heben schwere Kisten aus den Booten.
Die Kisten sind gefüllt mit Gold und Edelsteinen.
Da entdeckt der Kapitän Lexis Fußspuren im Sand.
Mit fürchterlicher Stimme ruft er: „Wer ist hier auf unserer Insel? Wer will unsere Schätze rauben?“
Lexi wird es ganz mulmig in seinem Versteck.
Nur noch wenige Schritte von ihm entfernt bleibt der Kapitän stehen. Was wird nun geschehen?
Da rattert und brummt es.
Toto und Lola haben die Zeitmaschine in Gang gesetzt. Zum Glück bringt sie Lexi gerade noch rechtzeitig wieder nach Hause.
Das war ein echtes Abenteuer!

Male das Bild fertig.

Lexi vor den Toren

Lexi steht oben auf dem Gipfel des Gebirges.
Hier von den Alpen aus kann er weit nach Italien sehen.
Rom liegt fast vor ihm.
Es ist das Jahr 218 vor unserer Zeitrechnung. Es ist Dezember.
Ein eisiger Wind weht. Erneut beginnt es, zu schneien. Jetzt haben sie noch den schwierigen Abstieg vom Berg ins Tal vor sich.
Allen voran geht Hannibal, der Feldherr.
Er ist von weit her gekommen, aus Afrika.
Hannibal will mit seinem Heer Rom erobern.
Lexi schaut sich noch einmal um. Endlos scheint der Zug der Soldaten, der Pferde, der Maultiere und Elefanten zu sein. Alle sind müde und erschöpft.
Es gibt kaum noch etwas zu essen.
Die Kälte macht ihnen zu schaffen.
Mit aller Kraft versucht ein Elefant, einen Wagen durch einen hohen Schneehaufen zu schieben. Der Wagen ist mit Fässern und Brennholz beladen.
Lexi feuert den Elefanten an.

Plötzlich hören sie ein donnerndes Geräusch.
Eine Lawine hat sich gelöst. Unaufhaltsam kommt sie auf sie zu. Verzweifelt schreit Lexi den Elefanten an. Da gibt der Schneehaufen nach und sie kommen auf die andere Seite. In diesem Augenblick tost die Lawine hinter ihnen vorbei ins Tal.
Sie haben noch einmal Glück gehabt.
Weiter geht es durch eine schmale hohe Schlucht.
Sie kommen gut voran. Doch dann sieht Lexi Soldaten, die ganz aufgeregt hin- und herlaufen.
Sie rufen sich etwas zu.
Als Lexi näher kommt, sieht er, was geschehen ist.
Einige Männer und Pferde sind ausgerutscht und haben sich verletzt. Der Weg ist völlig vereist.
Am Ende der Schlucht versperren große Felsbrocken den Weg.
Soldaten tragen Holz zu den Felsbrocken. Sie machen ein großes Feuer unter den Felsbrocken.
Wer kann, kommt sofort herbei, um sich ein wenig aufzuwärmen.
Anstrengung, Müdigkeit, Hunger und die wohltuende Wärme lassen die Soldaten in einen tiefen Schlaf versinken.
Inzwischen sprengt das Feuer die Felsbrocken.
Lexi räumt mit den Elefanten die Trümmer zur Seite.
Dann weckt er die Soldaten. Sie ziehen weiter.
Bald haben sie die Alpen überwunden.
Sie stehen vor den Toren Roms.
Fast!

Lexi fährt mit der Dampflokomotive

„Willst du mitfahren?“, fragt ein netter Mann mit schwarzer Mütze.
Lexi nickt mit dem Kopf.
Die Freude auf eine Fahrt mit der Dampflokomotive hat ihn sprachlos gemacht.
Es war eine richtig gute Idee von Lola, mit der Zeitmaschine hierherzukommen.
Überall drängen Menschen an Lexi vorbei. Er sieht viele Männer mit hohen Zylinderhüten und Frauen mit langen, weiten Kleidern.
Schwere Koffer aus Holz, große Truhen und runde Schachteln werden in die Wagen gehoben.
Ein schriller Pfiff ertönt. Wie ein riesiges Ungeheuer schnauft die pechschwarze Dampflokomotive.
Schwarzer Qualm kommt aus ihrem langen Schornstein. Überall zischt und klopft es.
Und da ist auch Lola. Sie bellt die Dampflokomotive an, denn der Lärm hat sie erschreckt.
Aufgeregt erzählt ihr Lexi, dass sie mitfahren dürfen.
Da will Lola natürlich dabei sein. Aber ein klein bisschen Angst hat sie auch.

Lexi und Lola zwängen sich in den ersten Wagen hinter dem Kohlenwagen.
Auf dem Kohlenwagen liegen die schwarzen Kohlen hoch aufgetürmt. Ein Heizer schaufelt sie in das glühende Feuerloch der Dampflok. Dabei schwitzt er sehr. Dauernd wischt er sich mit einem großen Tuch den Schweiß von der Stirn.
Ein Pfiff ertönt. Die Fahrt geht los! Langsam setzt sich die Lokomotive in Bewegung.
Im Wagen der vierten Klasse sitzen gar nicht so festlich gekleidete Männer, Frauen und Kinder eng zusammen auf harten Holzbänken. Sie werden ordentlich durchgeschüttelt.
In der Mitte des Wagens steht ein Käfig mit Hühnern. Die gackern wild durcheinander.
Weil es fürchterlich stinkt, steckt Lexi seinen Kopf aus dem Fenster. Aber oh je!
Schwarzer Qualm schlägt ihm ins Gesicht. Sein schönes gelbes Fell ist jetzt ganz schwarz.
Welch ein Glück! Der Zug hält schon bald am nächsten Bahnhof.
Schnell steigen Lexi und Lola aus. Fast wären sie noch die steilen Stufen hinuntergepurzelt. Freudig strahlend erblicken sie dort Toto. Der lacht. „Du siehst ja aus wie ein richtiger Schornsteinfeger!“, hänselt er Lexi.
„Die Reise mit der Dampflokomotive war wirklich aufregend, aber auch ganz schön unbequem“, denkt sich Lexi.

Lexi der Kühne

Lexi, Lola und Toto reisen ins Mittelalter – und landen in einer Burg. Da wollten sie schon immer hin.
Neugierig machen sie sich auf, die Burg zu erkunden. Dabei müssen sie durch viele dunkle Gänge laufen. Zum Glück hängen an den Wänden immer wieder brennende Fackeln.
Sie kommen in den großen Rittersaal. Dort steht in jeder Ecke eine Ritterrüstung.

Da hat Lexi eine Idee. Er will Lola und Toto erschrecken. Schnell versteckt er sich in einer Rüstung.
Aber wo sind die beiden auf einmal? Nirgendwo kann er sie entdecken.
Mühevoll wackelt er in seiner schweren Rüstung nach draußen. Angestrengt späht er umher und ist baff.
Vor der Burg stehen Zelte, auf denen bunte Fahnen flattern. Ein Turnier findet statt!
Viele Menschen laufen herum. Manche führen prächtige Pferde mit bunten Decken am Zügel. Feine Damen mit hohen, spitzen Hüten sitzen auf einer Tribüne und schauen auf den Turnierplatz.
Während sich Lexi noch alles genau anschaut, kommen zwei Knappen auf ihn zu. Sie führen ihn auf den Turnierplatz. Lexi ist so überrascht, dass er sich gar nicht dagegen wehrt.

Jemand hält ihm eine Lanze hin. Er wird auf ein riesiges Pferd mit einer gelb-roten Decke gehoben. Laut ertönt ein Trompetensignal. Was soll das? Schon trabt das Pferd mit ihm los. Gerade noch kann Lexi die Lanze fest unter seinen Arm drücken. Das hat er so schon in Büchern über das Mittelalter gesehen. Von Weitem erblickt er ein Pferd mit einer blauen Decke, das immer näher auf ihn zukommt. Sein Reiter hält ebenfalls eine Lanze nach vorn gerichtet. Und die zeigt genau auf Lexi!
Der blaue Ritter galoppiert auf Lexi zu. Auch Lexis Pferd stürmt jetzt los und wird immer schneller. Noch fester presst Lexi die Lanze an seine Rüstung und richtet sie auf den blauen Ritter. Mit seiner Lanze trifft Lexi ihn genau auf die gepanzerte Brust. Scheppernd purzelt der Ritter vom Pferd. Aber auch Lexi kann sich nur mit Mühe auf seinem Pferd halten. So heftig war der Zusammenstoß.

Die Zuschauer jubeln. Zwei Ritter führen Lexi und sein tapferes Pferd zur Tribüne.
Ein adliges Fräulein überreicht ihm den Siegeskranz.
Und da sind auch wieder Toto und Lola.
Hoch lebe Lexi der Kühne: ein edler und mutiger Ritter!

Lexi Digger

Der Kalender zeigt den 24. Januar 1848.
Wir befinden uns an einem Fluss
in Kalifornien, Nordamerika.

James ist Zimmermann. Er will am Fluss eine Sägemühle bauen. Eine Säge, die vom Wasser angetrieben wird.
Lexi hilft ihm. Er will James gerade einen Holzbalken reichen, da passiert es.
Lexi rutscht aus. Der Balken saust durch die Luft. Er trifft James in den Kniekehlen. James kann sich nicht mehr halten und stürzt vom Gerüst in den Mühlgraben. Platsch!!!
Einen Augenblick später hebt er seinen Kopf aus dem kalten Wasser.
James traut seinen Augen nicht. Auf dem Grund des Mühlgrabens liegen Goldklumpen. Echtes Gold!
Bis in den späten Abend feiern James und Lexi fröhlich ihren Fund.
Am nächsten Morgen macht sich Lexi mit Schaufel und Waschwanne ans Goldschürfen. Er ist jetzt ein „digger“, ein Goldgräber.

Er löst mit der Schaufel immer wieder Erde aus dem Mühlgraben und lässt sie in der Waschwanne vom Wasser ausspülen.
Manchmal bleiben Goldklumpen in der Waschwanne. Die legt er dann sorgfältig in ein sauberes Tuch.

James ist gleich bei Tagesanbruch losgeritten, um dem Gouverneur von Kalifornien von seinem Goldfund zu berichten.
Die beiden Männer beschließen, keinem etwas vom Gold zu sagen. Doch die Köchin des Gouverneurs hört jedes Wort. Sie erzählt alles ihrer besten Freundin. Und die erzählt es ihrem Mann. ...

Vier Monate später steht in der Zeitung:

NACHRICHTEN 25. Mai 1848

In den Schluchten der Bergbäche und im Sande der Ebene wurde Gold im Überfluss und von der feinsten Art gefunden.

Jetzt kommen von überall Leute und wollen schnell reich werden.

Zwei Jahre später reitet Lexi zum ersten Mal wieder in die Stadt. Verwundert schaut er sich um. Überall hängen Steckbriefe. Golddiebe werden gesucht.
Lexi will Butter und Schinken kaufen. Sie kosten jetzt einen Dollar das Pfund. Alles ist teuer geworden.
Lexi braucht auch noch eine neue Hose.
Er kauft eine blaue Hose aus Segeltuch mit Nieten an den Nähten und Taschen:
seine erste Jeans.

Illustriert von Silke Voigt, Corina Beurenmeister,
Julia Ginsbach und Markus Humbach

1. Auflage, 4. Druck 2013

Alle Drucke dieser Auflage sind inhaltlich unverändert und können im Unterricht nebeneinander verwendet werden.

www.duden-schulbuch.de

Redaktion: Dr. Andrea Klein
Herstellung: Jutta Herboth, Kathrin Reichel
Reproduktion: medienfrech.de
Layout und Umschlaggestaltung: tiff.any, Berlin
unter Verwendung einer Illustration von Julia Ginsbach
Druck: H. Heenemann, Berlin

ISBN 978-3-89818-835-7

Inhalt gedruckt auf säurefreiem Papier aus nachhaltiger Forstwirtschaft.